Louis Past[illegible] la lucha contra los gérmenes

Lisa Zamosky

Life Science Readers:
Louis Pasteur y la lucha contra los gérmenes

Créditos de publicación

Directora editorial
Dona Herweck Rice

Editor asociado
Joshua BishopRoby

Editora en jefe
Sharon Coan, M.S.Ed.

Directora creativa
Lee Aucoin

Gerente de ilustración
Timothy J. Bradley

Editora comercial
Rachelle Cracchiolo, M.S.Ed.

Colaborador de ciencias
Sally Ride Science™

Asesores de ciencias
Thomas R. Ciccone, B.S., M.A.Ed.,
Chino Hills High School
Dr. Ronald Edwards,
DePaul University

Teacher Created Materials
5301 Oceanus Drive
Huntington Beach, CA 92649-1030
http://www.tcmpub.com

ISBN 978-1-4938-1688-0

Índice

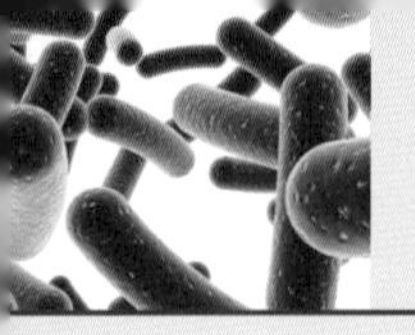

El gran científico francés

Louis Pasteur

Louis Pasteur fue un gran científico. Nació en Francia en 1822. Se le ha llamado el fundador de la medicina moderna.

Pasteur es famoso por muchas cosas. Salvó millones de vidas con sus descubrimientos. Demostró que los gérmenes propagan enfermedades. Un germen es un organismo vivo simple. Solamente se puede ver con un **microscopio**. Los gérmenes también se llaman **microbios**. ¿Puedes adivinar cómo se llama el estudio de los pequeños organismos vivos? Se llama **microbiología**.

Es posible que Pasteur sea mejor conocido por uno de sus inventos. Es un proceso que recibe su nombre. Se llama **pasteurización**. Se puede realizar en líquidos como la leche y el vino. Los líquidos se calientan. El calor mata las **bacterias** y el **moho**. Pasteur salvó muchas industrias en Francia. Su invento salvó los negocios de la cerveza, el vino y la seda.

Los cuadernos lo dicen todo

Pasteur tenía muchos cuadernos. Tomaba notas sobre todos sus experimentos de laboratorio. Describió más de 100 experimentos. Muchos años más tarde, los cuadernos se compartieron con el público. Los científicos descubrieron que Pasteur no siempre hacía sus experimentos de la manera en que decía haberlos hecho. A veces, cambiaba el resultado para dar una mejor apariencia a su trabajo. Pero los cuadernos también mostraban años de trabajo arduo.

Una científica usa una computadora para mostrar la imagen del ojo de una mosca tal como se observa a través de un poderoso microscopio.

El poder del microscopio

¿Alguna vez has mirado a través de un microscopio? Un microscopio hace que las cosas se vean más grandes. Hay diferentes tipos de microscopios. Los de bolsillo pueden aumentar hasta 30 veces. Los microscopios ópticos pueden aumentar las cosas hasta 2,000 veces. Los microscopios electrónicos son los más poderosos. ¡Pueden aumentar hasta un millón de veces!

¿Has visto alguna vez de cerca el rostro de una mosca? Con un microscopio, puedes ver la boca de una mosca. Incluso puedes verle los ojos. Si la miraras, podrías ver que en realidad tiene más de dos ojos. Cada ojo está formado por muchos lentes más pequeños. ¡Estos permiten que las moscas miren casi hacia todos lados al mismo tiempo!

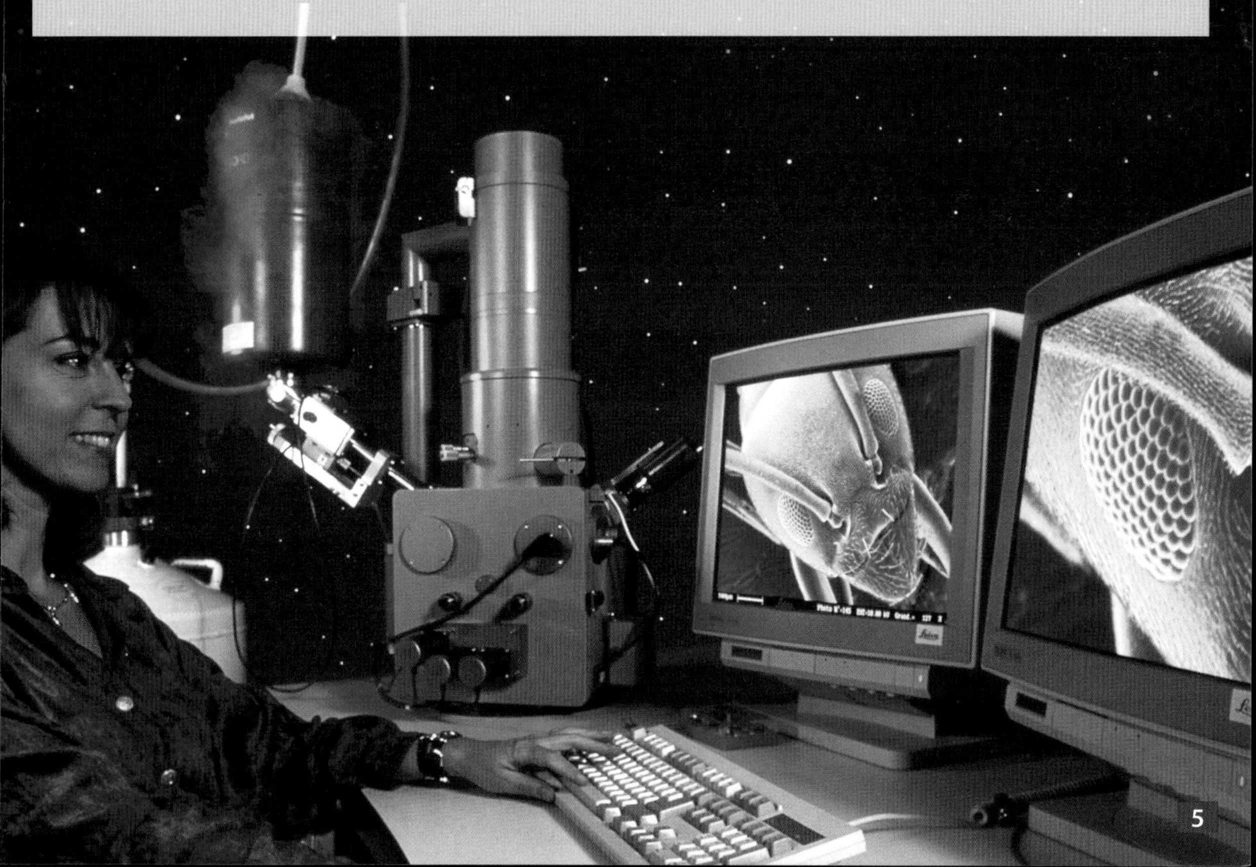

Primeros años

Pasteur provino de una familia de **curtidores**. Los curtidores son personas que convierten la piel de los animales en cuero. De niño, Pasteur era solo un estudiante promedio. Prefería ir a pescar. Lo que más le interesaba era dibujar. Hizo muchos dibujos de su familia y sus amigos.

Pasteur se convirtió en un mucho mejor estudiante en la adolescencia. Ganó muchas distinciones en la escuela. El director vio que era muy inteligente. Quería que Pasteur enviara una solicitud para asistir a una universidad en París. Allí, capacitaban a las personas para que fueran **profesores** de ciencias o arte. Se aceptaban muy pocas personas.

Pasteur fue a París a los 15 años, pero extrañaba mucho a su familia como para quedarse. Su padre fue a buscarlo. Ni siquiera realizó la prueba para el ingreso.

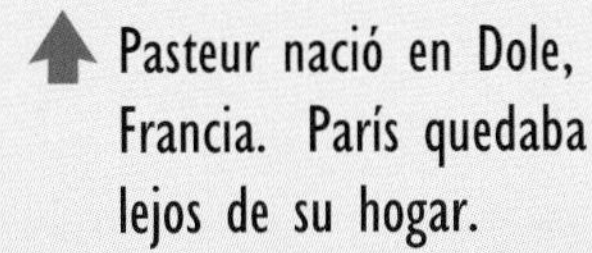

Pasteur nació en Dole, Francia. París quedaba lejos de su hogar.

curtidores trabajando en el siglo XIX

¿Una estrella con suerte?

Pasteur hizo muchos descubrimientos durante toda su vida. Algunas personas decían que tenía suerte. Él no estaba de acuerdo. Afirmaba que solamente se podía tener suerte si se tenía la mente preparada. Fue exitoso porque prestaba atención. Se fijaba en las pequeñas cosas de la vida.

Demasiado serio

El joven Pasteur hacía dibujos de muchas personas. Pero estas nunca estaban sonriendo. Toda su vida fue una persona seria.

Ingreso a la química

Pasteur no logró asistir a la escuela en París. Así que asistió a una universidad cerca de su hogar. Obtuvo su título en ciencias allí. Poco después, regresó a la escuela en París. Realizó el examen de ingreso y lo aprobó. Al año siguiente, comenzó a estudiar **química**. Se esforzó mucho, pero nunca fue un estudiante excelente.

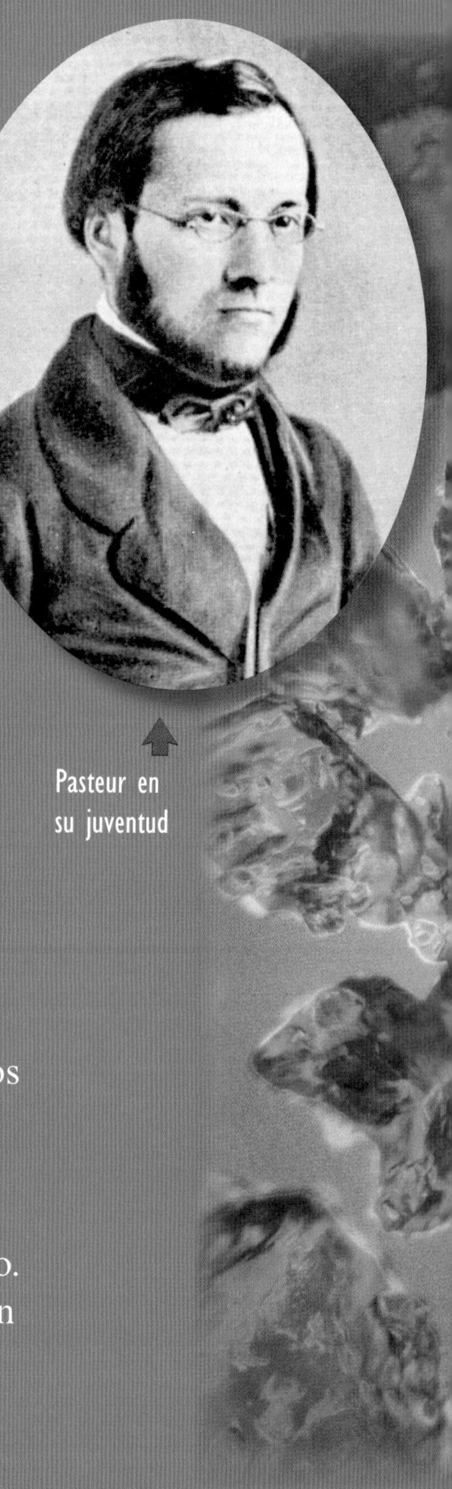

Pasteur en su juventud

Pasteur finalizó su título de doctorado en ciencias cuando tenía solamente 26 años de edad. Había estado estudiando la naturaleza de los **cristales**. Se enfocaba en determinados cristales. Estaba interesado en aquellos que se formaban en los barriles de uvas. Eran los que se usaban para preparar el vino. En Francia, se habían descubierto dos ácidos. Ambos estaban compuestos por los mismos químicos. Aun así, se comportaban de manera muy diferente. Pasteur vio algo especial debajo de su microscopio. Las superficies de los dos cristales eran diferentes. Nadie había notado esto antes. Redactó y presentó un estudio sobre este tema.

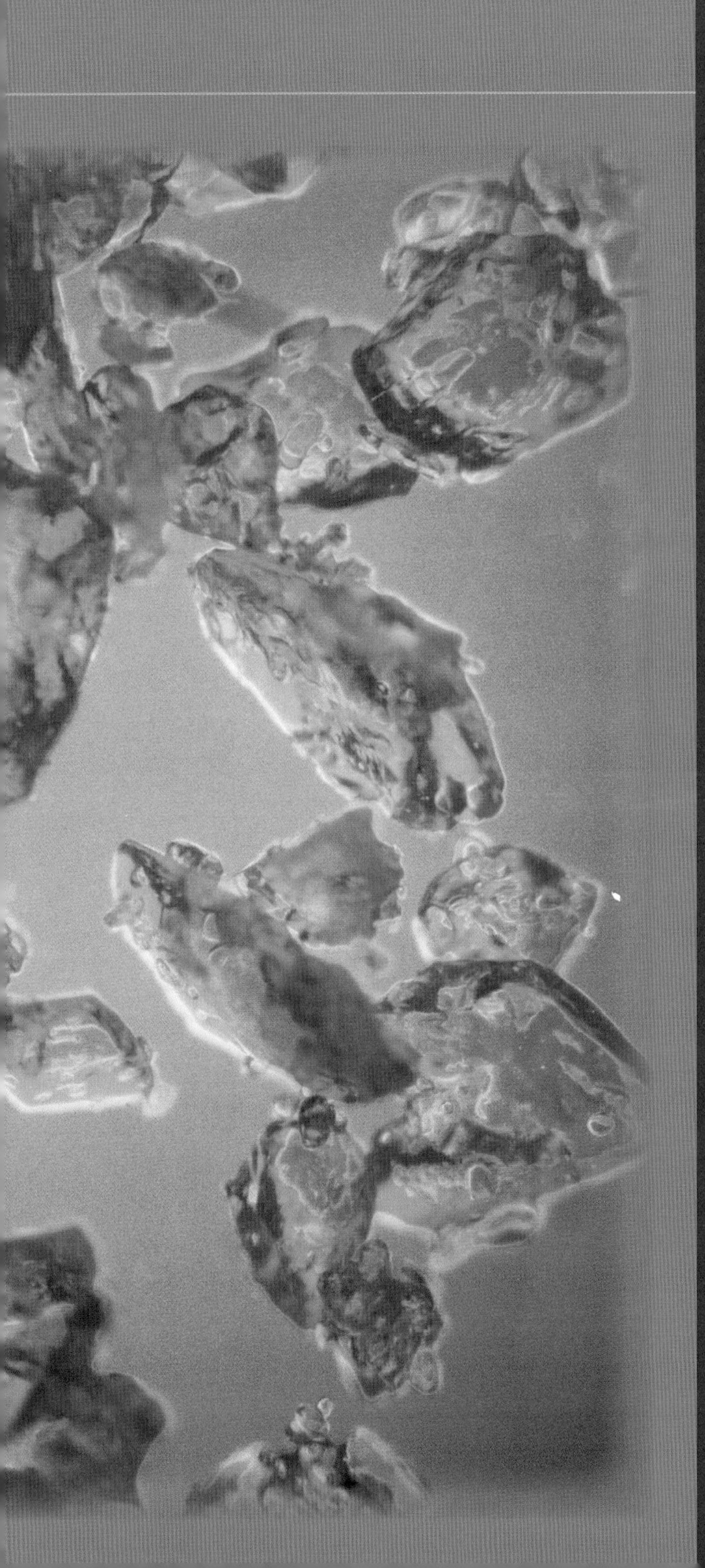

Probarse a sí mismo

Pasteur realizó dos veces el examen de ingreso a la escuela de París. La primera vez, obtuvo el 15.º puntaje más alto. Esto era lo suficientemente bueno como para que lo aceptaran. Pero él no lo consideró suficientemente bueno. Quería que le fuera mejor. No ingresó a la escuela cuando lo aceptaron. En cambio, volvió a hacer el examen. La segunda vez, obtuvo el cuarto puntaje más alto. Hasta entonces ingresó a la escuela.

Ciencia sensacional

La química es el estudio de aquello de lo que están compuestas las cosas y cómo estas actúan bajo diferentes condiciones. Involucra todos los sentidos. Involucra el tacto y el olfato. Involucra la vista y el oído. Incluso involucra el gusto.

¿Te preguntas por qué algunas personas lloran cuando pelan cebollas? ¿De qué está compuesto el maquillaje? ¿Por qué algunos alimentos se descomponen con tanta rapidez? Todas estas preguntas pueden responderse usando la química simple.

cristales bajo un microscopio

Profesor Pasteur

Después de graduarse, Pasteur trabajó como asistente de uno de sus maestros. Un par de años más tarde, se convirtió en profesor de la universidad. Enseñaba química. Allí, continuó estudiando los cristales. Recibió muchos honores por su trabajo.

No mucho después de convertirse en profesor, Pasteur conoció a Marie Laurent. Ella era la hija de un funcionario de la universidad. Pasteur se enamoró de ella a primera vista. Le escribió al padre de Marie. Le pidió la mano para poder casarse con ella. El padre le dio permiso. Estuvieron casados durante 46 años y tuvieron cinco hijos. Trágicamente, tres de sus hijas murieron de **fiebre tifoidea** cuando eran jóvenes.

¡Tarde para una cita importante!

El día anterior a su boda, Pasteur fue a su laboratorio a trabajar. Se compenetró tanto que su amigo tuvo que recordarle que debía ir a la iglesia a la mañana siguiente.

Louis y Marie Pasteur

Pasteur trabajaba todo el tiempo, pero se dice que él y su esposa tuvieron un matrimonio feliz. Ella conocía el amor que él sentía por la ciencia. Comprendía que necesitaba trabajar arduamente. Por las noches, trabajaban juntos. Él le dictaba sus notas.

Legión de Honor

La Medalla de la Legión de Honor es una distinción que se otorga a las personas que brindan un gran servicio a Francia. Pasteur obtuvo esta distinción.

Miedo a los gérmenes

Pasteur sabía que los gérmenes se propagaban fácilmente. Nunca daba un apretón de manos a las personas. Tenía miedo de los gérmenes. Ni siquiera era capaz de dar un apretón de manos a los reyes y las reinas.

Esto es Estrasburgo, Francia, donde Pasteur dictaba clases y conoció a su esposa.

Louis Pasteur en su laboratorio

Enfoque en la fermentación

Pasteur se mudó a la Universidad de Lille. Allí, se desempeñó como decano de ciencias. Solamente tenía 32 años. Lille era una ciudad con mucha industria. Pasteur pensó que la ciencia que enseñaría debía ser útil. Quería que las personas pudieran usarla a diario.

El padre de uno de los estudiantes de Pasteur fabricaba alcohol. Tenía problemas con su producto. Entonces, pidió ayuda a Pasteur. Esta persona fabricaba alcohol a partir del jugo de la remolacha. Usaba **levadura** para convertir el azúcar del jugo en alcohol. Este proceso se llama **fermentación**. El problema era que el alcohol que fabricaba se estaba descomponiendo.

La fermentación pasó a ser el enfoque de la investigación de Pasteur. Estudió el alcohol. Luego, comenzó a estudiar la leche. Descubrió que ambos tenían levadura. La levadura es una forma de vida pequeña que puede crecer en los alimentos. Las personas usaban algunas levaduras en la fermentación, pero no sabían mucho sobre esta.

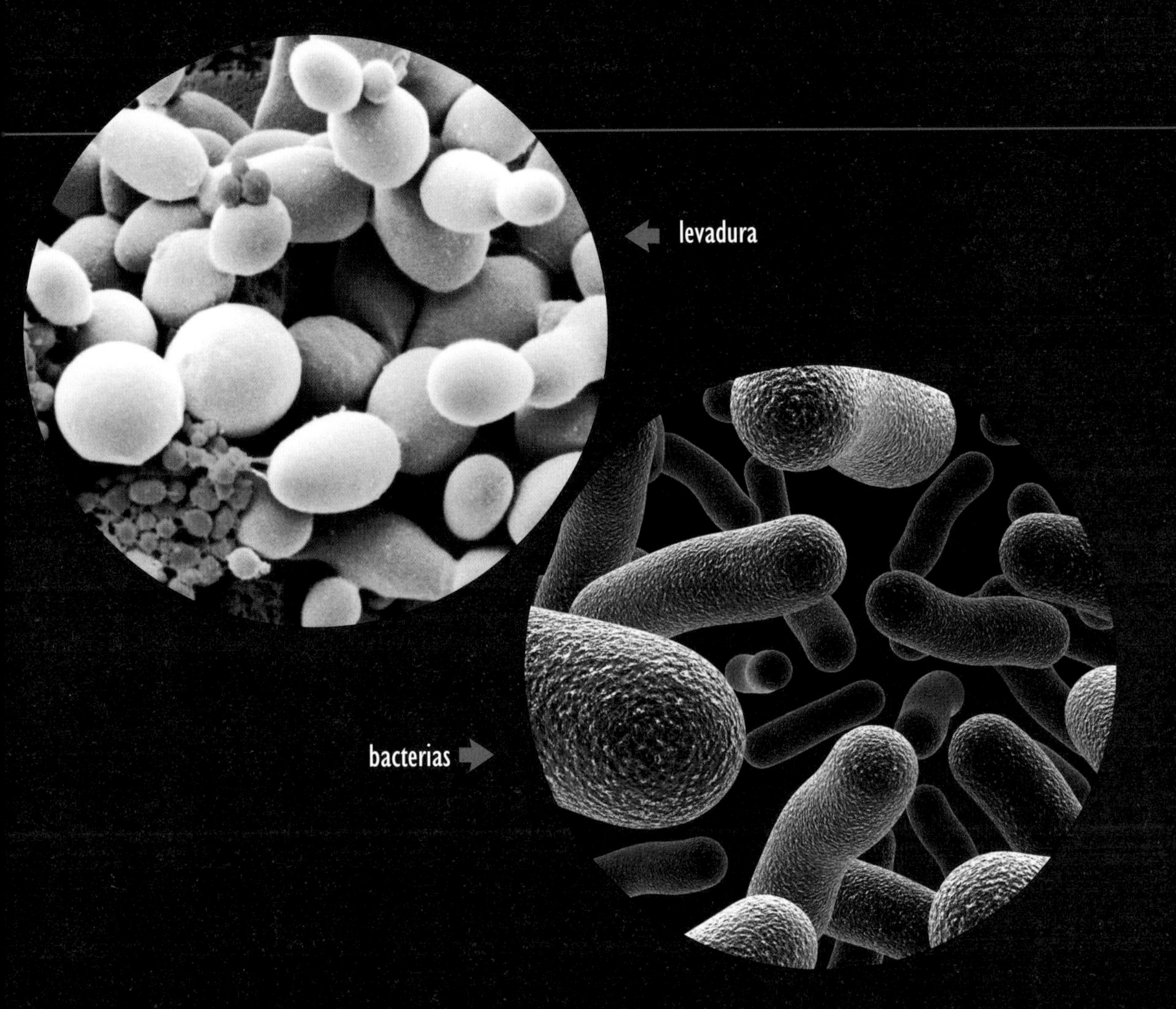

La función de los microorganismos

A Pasteur se le ocurrió una nueva **teoría**. Se la presentó a otras personas. Este fue un importante avance en la ciencia. Dijo que los **microorganismos** producían la fermentación. Los microorganismos son organismos vivos. Son demasiado pequeños para poder verlos con el ojo humano. Dos tipos comunes son la levadura y las bacterias. Se pueden ver con un microscopio. Pasteur también escribió que determinados tipos de microorganismos producen ciertos tipos de fermentación. La levadura produce la fermentación del alcohol. Otro microorganismo produciría algo distinto. Es por eso que algunos de los organismos vivos ayudaban a convertir el azúcar en alcohol. Otros arruinaban la preparación.

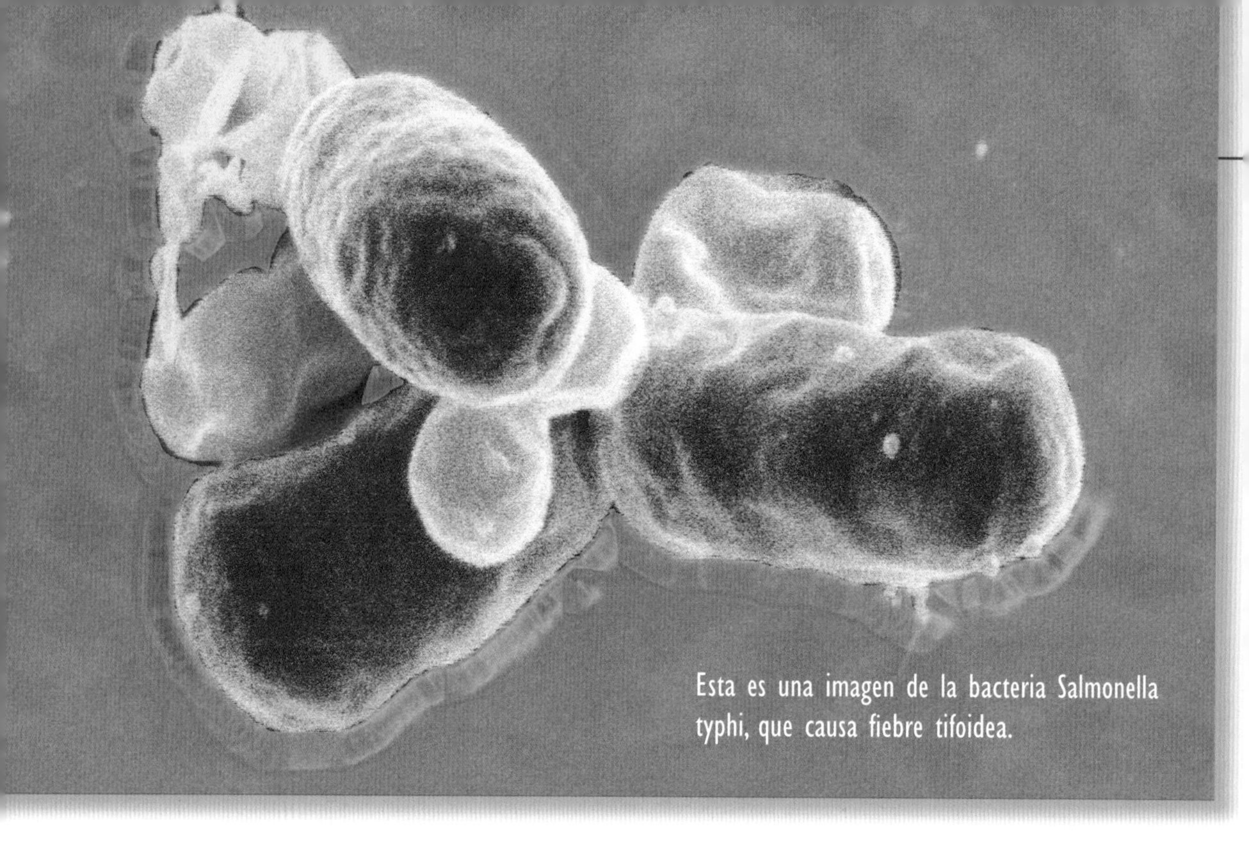

Esta es una imagen de la bacteria Salmonella typhi, que causa fiebre tifoidea.

El brote de fiebre tifoidea

A los 35 años, Pasteur era famoso en todo el mundo. Fue a trabajar a la escuela de Francia en la que había obtenido su título de doctorado. En francés, se llamaba École Normale Supérieure. Lo nombraron director de estudios científicos. Continuó su investigación. Estaba seguro de que los microorganismos producían la fermentación.

La hija mayor de Pasteur se enfermó de fiebre tifoidea. En ese momento, las personas no sabían cómo tratar la enfermedad. La niña murió a los nueve años.

Algunos dicen que la muerte de su hija hizo que Louis Pasteur deseara continuar incluso más con su investigación. Quería encontrar una cura para la enfermedad.

En la actualidad, hay una **vacuna** para prevenir la fiebre tifoidea. También sabemos que la pasteurización de la leche puede prevenir la propagación de los gérmenes. Esto también puede lograrse bebiendo agua limpia. Tener las manos limpias al momento de tocar los alimentos también es importante.

Este niño recibe una vacuna para prevenir una enfermedad.

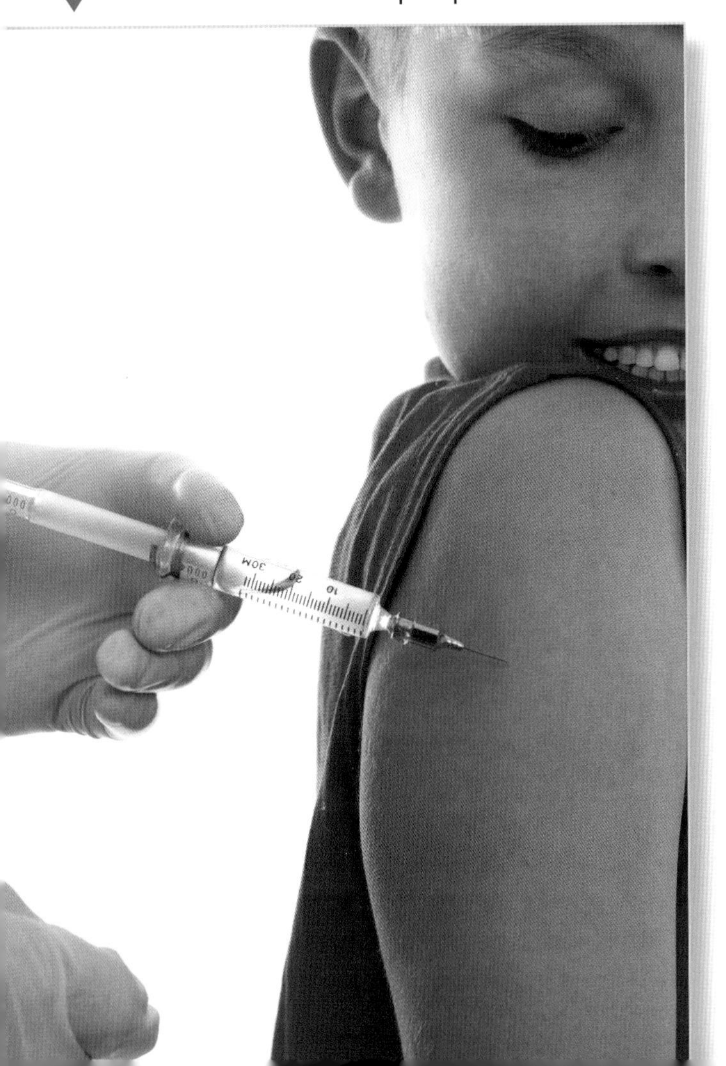

Condiciones difíciles

Cuando Louis Pasteur asumió el cargo en la escuela, no tenía un laboratorio en el cual trabajar. Pronto, encontró dos habitaciones para usar. Las convirtió en laboratorios. Los techos de estas habitaciones eran bajos. No podía pararse derecho mientras trabajaba. Debía deslizarse apoyándose sobre las manos y las rodillas para ingresar a las habitaciones porque estas estaban detrás de las escaleras.

Capacitación de maestros

La escuela de París se llamaba École Normale Supérieure. Eso significa "escuela superior de capacitación de maestros". Era una escuela avanzada para la capacitación de maestros.

Generación espontánea

Alguien había escrito un libro sobre la generación espontánea. Era una teoría científica. Decía que los organismos vivos como el moho y los gérmenes cobraban vida todo el tiempo a partir de elementos no vivos. El escritor creía que esta teoría era correcta.

La Academia de Ciencias inició un concurso. Quería que los científicos comprobaran si la teoría era correcta o incorrecta. Le pagaría al científico que pudiera hacer el mejor trabajo. Pasteur participó. Ganó el concurso y el dinero. Demostró que la teoría era incorrecta. Hizo esto demostrando que los alimentos se pudren cuando entran en contacto con los gérmenes en el aire. Cuando los alimentos se conservan separados de los gérmenes vivos, no cambian.

Estas imágenes muestran pan y uvas podridos, y un primer plano de frambuesas podridas.

Elegante como un cisne

¿Has visto alguna vez un matraz con cuello de cisne? Estos recipientes tuvieron una función importante en algunos de los experimentos de Pasteur. Los matraces de vidrio tenían cuellos con forma de *S*. Pasteur hervía los líquidos dentro del matraz. Lo dejaba sin sellar. Debido a la forma, ningún microorganismo podía llegar al líquido. Quedaban atrapados en la curva de la *S*. Eso significaba que los microorganismos no podían llegar al líquido. El líquido permanecía puro.

¡El maestro es quien más sabe!

Pasteur tenía un maestro de química en la escuela. Le había hecho una sugerencia a Pasteur. Le había dicho que usara matraces para sus experimentos. ¡Qué bueno que escuchó a su maestro!

un matraz con cuello de cisne

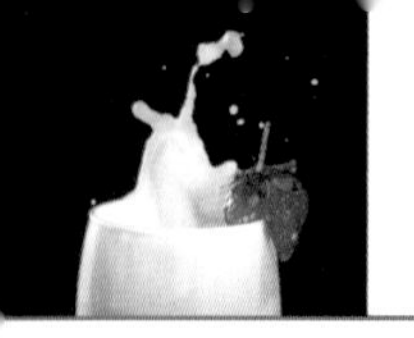

El rescate de la industria francesa

Pasteur usó sus hallazgos para ayudar a los fabricantes de vino franceses. A veces, el vino que fabricaban estaba bien. Otras veces, se volvía agrio.

Pasteur encontró algo en el vino agrio. Encontró que este tenía un determinado tipo de bacteria. Esta bacteria es la misma que ayuda a crear el vinagre. Hacía que el vino se pusiera agrio.

Pasteur comenzó a calentar el vino. Esto mataba las bacterias que agriaban el vino. Entonces, decidieron calentar todo el vino.

El trabajador que se encuentra cerca de esta máquina de pasteurización usa ropa de protección. La ropa protege el líquido de los gérmenes que transportan las personas.

hilado de la seda a partir de los capullos de gusanos de seda

Leche pasteurizada

Casi toda la leche que compramos en la actualidad es pasteurizada. Se ha calentado a 161.6 °F durante 15 segundos. Este proceso mata las bacterias perjudiciales de la leche.

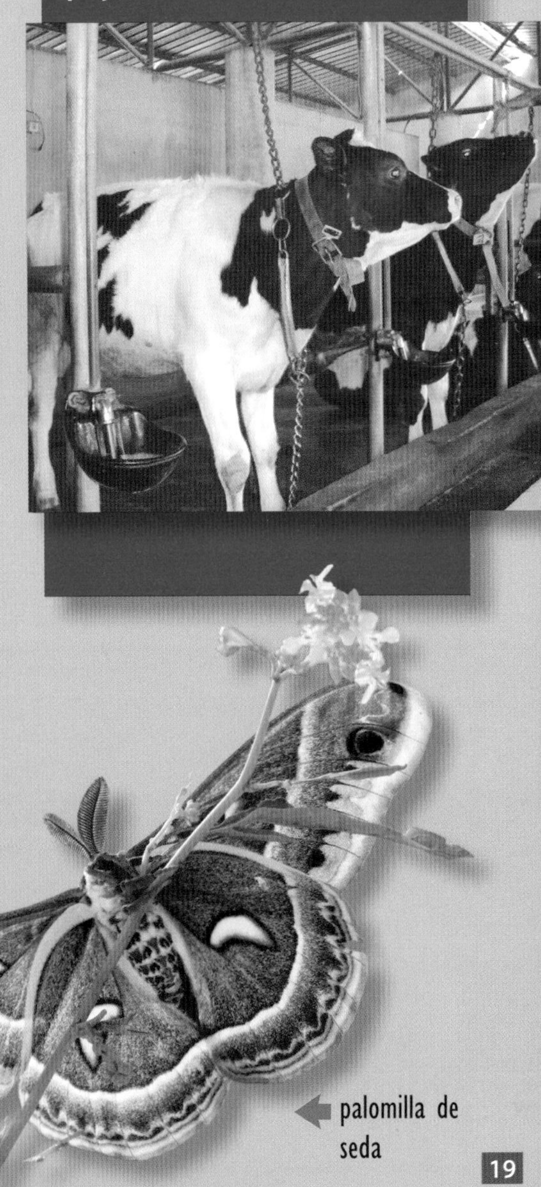

palomilla de seda

Llamaron a este proceso pasteurización. En la actualidad, son muchas las bebidas que se pasteurizan. Esto impide que se descompongan.

El gobierno le pidió a Pasteur que hiciera algo. Quería que investigara las enfermedades que afectaban a los gusanos de seda. La fabricación de la seda era un gran negocio en Francia. En un plazo de tres años, encontró dos enfermedades que provocaban el problema. Pudo detener la propagación de la enfermedad.

La causa de la enfermedad

Habían pasado casi 20 años después de la muerte de la hija de Pasteur. Recuerda, había muerto por una enfermedad. Pasteur comenzó a estudiar las enfermedades. Quería conocer sus causas. Tenía una teoría. Creía que los microbios causaban muchas enfermedades. Los diferentes microbios causaban distintas enfermedades.

Los microbios podían enfermar a los seres humanos. También podían enfermar a los animales. Pasteur estudió animales enfermos. Notó que solamente presentaban una enfermedad una vez. Una vez que padecían una enfermedad, no volvían a tenerla nuevamente.

Usó esta información para crear vacunas. Tomó el germen que provocaba la enfermedad. Luego, lo debilitó. A continuación, lo inyectó a los animales. Esto los protegió de enfermedades futuras. Pasteur encontró una manera de vacunar un rebaño de ovejas. El motivo fue para protegerlas de una enfermedad mortal llamada **ántrax**. También salvó a los pollos de una enfermedad llamada **cólera**.

esporas de la bacteria del ántrax

Pasteur inoculó a las ovejas vacunadas con ántrax. Las ovejas vacunadas no se enfermaron de ántrax.

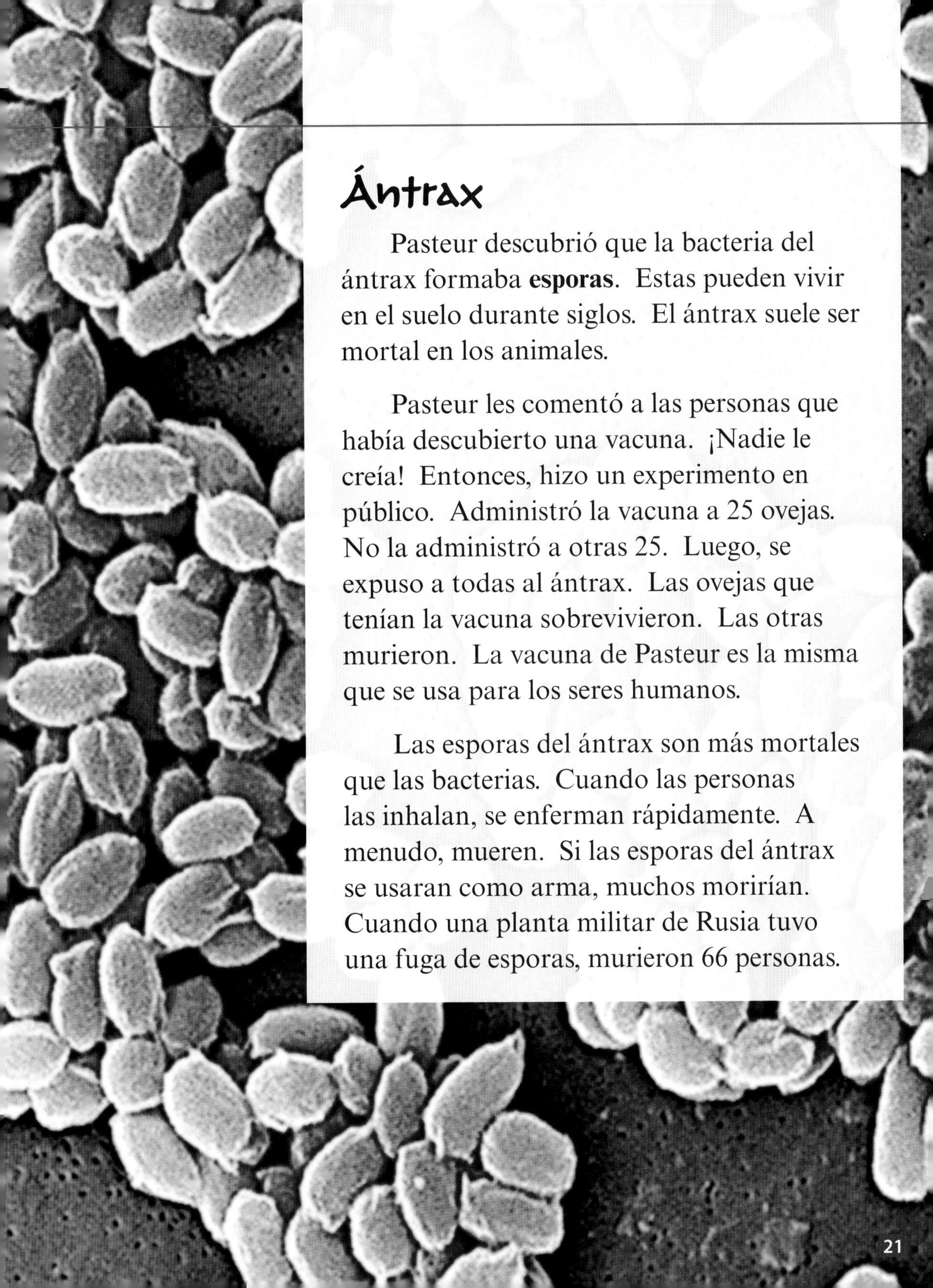

Ántrax

Pasteur descubrió que la bacteria del ántrax formaba **esporas**. Estas pueden vivir en el suelo durante siglos. El ántrax suele ser mortal en los animales.

Pasteur les comentó a las personas que había descubierto una vacuna. ¡Nadie le creía! Entonces, hizo un experimento en público. Administró la vacuna a 25 ovejas. No la administró a otras 25. Luego, se expuso a todas al ántrax. Las ovejas que tenían la vacuna sobrevivieron. Las otras murieron. La vacuna de Pasteur es la misma que se usa para los seres humanos.

Las esporas del ántrax son más mortales que las bacterias. Cuando las personas las inhalan, se enferman rápidamente. A menudo, mueren. Si las esporas del ántrax se usaran como arma, muchos morirían. Cuando una planta militar de Rusia tuvo una fuga de esporas, murieron 66 personas.

Una cura para la rabia

Pasteur estudió la **rabia**. La rabia es una enfermedad mortal. Las personas pueden contraerla al ser mordidas por un animal infectado. Pasteur quería crear una vacuna. Quería proteger a las personas de esta enfermedad.

Pasteur probó por primera vez sus vacunas en 50 perros. Ninguno de ellos se enfermó. Estaba listo para probar su vacuna en seres humanos. Le administró la vacuna a un niño a quien lo había mordido un perro. El perro tenía rabia. Sin tratamiento, era seguro que el niño moriría. Después de recibir la vacuna, el niño sobrevivió. ¡La vacuna fue un éxito!

Durante el siguiente año, más de 2,000 personas recibieron la vacuna contra la rabia. En la actualidad, usamos la vacuna contra la rabia para proteger a nuestros animales. También la usamos para protegernos a nosotros mismos de la enfermedad.

Pasteur se muestra rodeado de médicos, personal de enfermería y jóvenes pacientes ingleses que recibieron la vacuna contra la rabia.

El origen de la vacuna

Pasteur creó sus inyecciones contra la rabia a partir de la médula espinal disecada de conejos.

Un médico le administra una vacuna a un niño que llora en el siglo XIX.

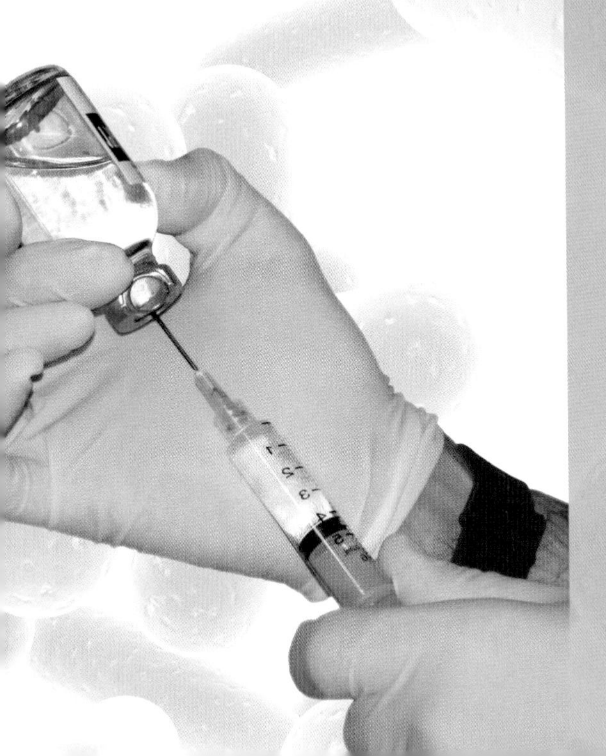

Vacunas

Las vacunas se han desarrollado por muchos motivos. Protegen a las personas de muchas enfermedades. En Estados Unidos, la mayoría de los niños reciben vacunas poco después de nacer. Esto evita que contraigan enfermedades que alguna vez fueron frecuentes.

En 1967, las personas de todo el mundo comenzaron a recibir la vacuna contra la viruela. La enfermedad desapareció 10 años después. La vacuna contra la varicela comenzó a usarse en 1995. La vacuna contra la poliomielitis comenzó a usarse 40 años antes.

⬆ Louis Pasteur a finales de su vida

El Instituto Pasteur

En 1888, se abrió en París el Instituto Pasteur. Era un centro destinado al tratamiento y el estudio de la rabia. Pasteur era el director. Estuvo allí hasta su muerte. En la actualidad, en el Instituto Pasteur se estudian muchas enfermedades **infecciosas**. Sus científicos han ganado Premios Nobel en ciencias.

Pasteur murió en 1895. Tenía 72 años. Su trabajo ha ayudado a personas de todo el mundo. Nos dio la pasteurización. Demostró que los microbios provocan enfermedades. Desarrolló la vacuna contra la rabia.

Pasteur fue un pionero en el área de la microbiología. Su trabajo ha ayudado a salvar una innumerable cantidad de vidas. Será recordado por muchas cosas. Sobre todo, se le recordará como uno de los más grandes científicos de todos los tiempos.

Pasteur en el cine

Se hizo una película de la vida de Louis Pasteur. La película se llamó *La historia de Louis Pasteur*. Se realizó en 1936.

Un actor interpreta a Pasteur en la película de 1936.

el Instituto Pasteur en París

Microbióloga: Rita Colwell

Universidad de Maryland

Cazadora de microbios

Rita Colwell es una cazadora. Pero no caza animales. En su lugar, Colwell caza microbios. La mayoría de los microbios son inofensivos, pero algunos pueden enfermar a las personas. Son organismos vivos demasiado diminutos para verse sin un microscopio.

¿En dónde busca los microbios Colwell? ¡En todas partes! Los microbios pueden encontrarse en el agua, el aire, el suelo y otros organismos vivos, incluso en los seres humanos. "Aprendí el modo en que los microbios viven en el medio ambiente y cómo pueden provocar enfermedades", dice Colwell.

Mientras trabajaba en la India, Colwell se dio cuenta de que muchas personas se enfermaban por beber agua. Había microbios peligrosos en ella. Descubrió el modo en que los microbios ingresaban al agua. Luego, les enseño a las personas cómo verter agua a través de un trapo antes de beberla. El trapo capturaba los microbios y así el agua era más segura para beber.

"Me gusta hacer descubrimientos que ayuden a las personas a mantenerse sanas".

En estas placas de Petri, hay evidencia de actividad microbiana.

En esta imagen satelital, se muestra la temperatura del agua del mundo.

Estar allí

Si fueras un microbiólogo, estudiarías los microbios (organismos microscópicos) y su efecto en otros organismos vivos. También podrías...

- aprender sobre los virus y cómo invaden las células;
- descubrir nuevos microbios;
- preparar medicamentos para curar enfermedades.

¿Cómo lo saben?

Cuando Colwell busca microbios en el océano, usa imágenes tomadas del espacio para obtener pistas. Una pista consiste en manchas oscuras en el agua que podrían ser grandes grupos de microbios. Colwell también supervisa la temperatura y el color del océano. Las altas temperaturas del agua y el color extraño en una zona de agua, como rojo y anaranjado, pueden significar que los microbios se esconden allí.

Para hacer

Colwell encontró una manera simple de impedir que las personas se enfermaran debido a los microbios al beber agua. Otras enfermedades también son consecuencia de los microbios. ¿Cuáles son algunas maneras de impedir que tus familiares y amigos se enfermen?

Laboratorio: Cómo prevenir la propagación de infecciones

En este experimento, tu compañero y tú probarán la eficacia de lavarse las manos para prevenir la propagación de gérmenes.

Materiales

- papel para graficar
- marcadores
- delantal o bata
- pintura lavable
- cronómetro o reloj
- lavabo
- venda
- toallas
- jabón

Procedimiento

1 Hagan una tabla comparativa. Dividan una hoja en cuatro secciones con un marcador. Dibujen la silueta de una mano en cada sección. Sombreen una mano que está completamente sucia, muy sucia, sucia y poco sucia. Rotulen cada sección. Además, hagan dos tablas de puntuación. Rotulen una tabla con la palabra Agua. Rotulen la otra Agua y jabón.

2 Elijan a una persona encargada de lavarse las manos. Elijan a otra para que controle el tiempo.

3 Pidan al encargado de lavarse las manos que se cubra las manos con pintura lavable. Dejen que la pintura se seque completamente.

4. Vayan al lavabo. Coloquen una venda a la persona encargada de lavarse las manos. Ayúdenla a colocar las manos debajo del agua durante un segundo. Pídanle al encargado de controlar el tiempo que seque las manos del encargado de lavarse las manos tocando ligeramente con la toalla sobre la piel. (No debe frotar para quitar la pintura). Comparen las manos del encargado de lavarse las manos con la tabla. En la tabla de puntuación de Agua, registren qué tan limpias están las manos de la persona encargada de lavarse las manos.

5. Pídanle al encargado de lavarse las manos que se las lave durante cuatro segundos más con agua. Una vez más, sequen ligeramente las manos. Anoten qué tan limpias están las manos.

6. Pídanle a la persona encargada de lavarse las manos que se las lave durante 15 segundos más con agua. Sequen ligeramente y anoten la limpieza.

7. Quiten la venda. Permitan que la persona encargada de lavarse las manos se las limpie por completo. Vuelvan a colocar la venda. Repitan los pasos del 2 al 5, solo que esta vez pueden permitir que la persona encargada de lavarse las manos use jabón todas las veces. Usen la tabla con la etiqueta Agua y jabón.

8. Cambien de roles. Repitan la actividad hasta que todos hayan tenido la oportunidad de ser la persona encargada de lavarse las manos. Pidan a la misma persona que controle el tiempo.

9. Muestren sus resultados. Hagan dos gráficos que muestren el puntaje de limpieza promedio en cada intervalo de tiempo. Un gráfico mostrará los resultados cuando se usa solamente agua. El otro gráfico mostrará los resultados cuando se usa agua y jabón.

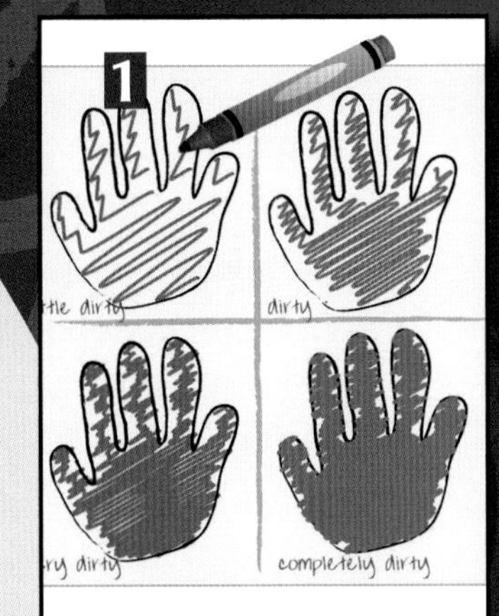

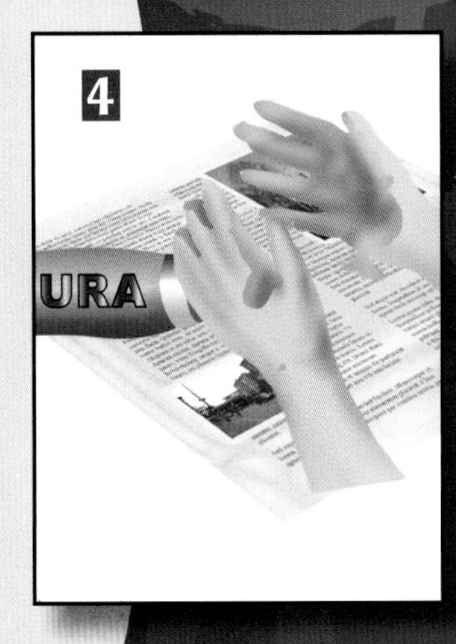

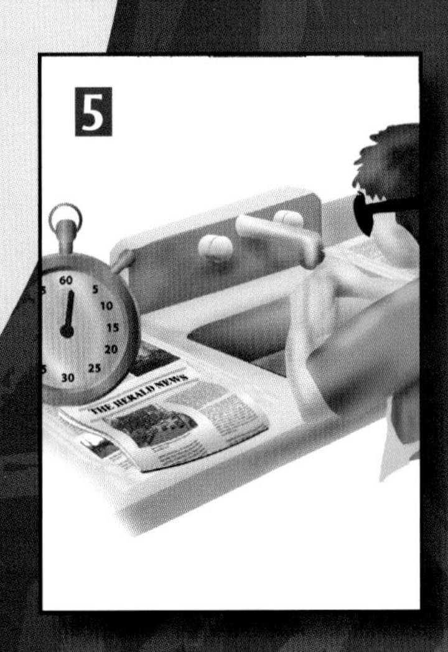

Glosario

ántrax: un tipo de bacteria que ocasiona enfermedades mortales

bacterias: organismos unicelulares que viven en el suelo, el agua, la materia orgánica o los cuerpos de plantas y animales

cólera: un tipo de bacteria que ocasiona una enfermedad mortal del estómago

cristales: sólidos que se forman con la solidificación de un químico y que tienen una estructura atómica altamente regular

curtidores: personas que transforman la piel de los animales en cuero

esporas: cuerpos reproductivos unicelulares que se desarrollan y se convierten en nuevos organismos

fermentación: cambiar azúcar por dióxido de carbono y alcohol a través de un proceso en el que participa la levadura

fiebre tifoidea: una enfermedad mortal ocasionada por bacterias y que se transmite principalmente por alimentos o agua contaminados

infecciosas: que pueden ocasionar una infección o enfermar

levadura: un tipo de hongo que se usa para hacer bebidas alcohólicas, como cerveza y vino, y para hacer que el pan se infle y sea más liviano

microbiología: la rama de la biología que estudia formas de vida minúsculas (microorganismos) y el efecto que tienen en los seres vivos

microbios: una forma de vida muy pequeña, especialmente bacteriana, que causa enfermedades

microorganismos: una forma de vida demasiado pequeña para verla, especialmente las bacterias

microscopio: un instrumento que se usa para que los objetos muy pequeños se vean más grandes

moho: plantas que producen esporas en vez de semillas para reproducirse

pasteurización: calentar una bebida o alimento para eliminar los microorganismos que pueden ocasionar enfermedades, fermentación indeseada o que el producto se eche a perder

profesores: maestros universitarios especializados en una determinada área de un campo de estudio

química: la ciencia que estudia las sustancias y sus reacciones

rabia: una enfermedad mortal que puede infectar a la mayoría de los animales de sangre caliente y que se transmite con la mordida de animales infectados

teoría: un conjunto de creencias que se usan para explicar un grupo de hechos

vacuna: microbios muertos o debilitados que se dan a las personas para que no contraigan enfermedades graves

Índice analítico

Sally Ride Science

Sally Ride Science™ es una compañía de contenido innovador dedicada a impulsar el interés de los jóvenes en la ciencia. Nuestras publicaciones y programas ofrecen oportunidades para que los estudiantes y los maestros exploren el cautivante mundo de la ciencia, desde la astrobiología hasta la zoología. Damos significado a la ciencia y les mostramos a los jóvenes que la ciencia es creativa, cooperativa, fascinante y divertida.

Créditos de imágenes

Portada: North Wind Picture Archives/Alamy; pág. 3 Sebastian Kaulitzki/Shutterstock; pág. 4 (arriba) Sebastian Kaulitzki/Shutterstock; pág. 4 Photos.com; pág. 5 Pascal Goetgheluck/Photo Researchers, Inc.; pág. 6 (arriba) Keith Lamond/Shutterstock; págs. 6–7 Leonard Defrance/Getty Images; pág. 7 (izquierda) Tim Bradley; pág. 7 (abajo) Mikko Pitkänen/Shutterstock; pág. 8 (arriba) Laurence Gough/Shutterstock; pág. 8 POPPERFOTO/Alamy; págs. 8–9 Photos.com; pág. 10 (arriba) Olga Shelego/Shutterstock; pág. 10 Mary Evans Picture Library/Alamy; pág. 11 (izquierda) ultimathule/Shutterstock; pág. 11 (derecha) Todd Gipstein/CORBIS; pág. 12 North Wind Picture Achives/Alamy; pág. 13 (izquierda) SciMAT/Photo Researchers, Inc.; pág. 13 (derecha) Tischenko Irina/Shutterstock; pág. 14 Dr. Gary Gaugler/Photo Researchers, Inc.; pág. 15 Leah-Anne Thompson/Shutterstock; pág. 16 LockStockBob/Shutterstock; pág. 16 (izquierda) LockStockBob/Shutterstock; pág. 16 (derecha) Leo/Shutterstock; pág. 17 Charles O'Rear/CORBIS; pág. 18 (arriba) Paul Reid/Shutterstock; pág. 18 Holt Studios International Ltd/Alamy; pág. 19 (izquierda) Joris van den Heuvel/Shutterstock; pág. 19 (derecha) Maria El-Kotob/Shutterstock; pág. 19 (abajo) Emilia Kun/Shutterstock; pág. 20 Stefano Bianchetti/CORBIS; pág. 21 Scott Camazine/Alamy; pág. 22 POPPERFOTO/Alamy; págs. 22–23 (atrás) Sebastian Kaulitzki/Shutterstock; pág. 23 (derecha) Bettmann/CORBIS; pág. 23 (izquierda) Michael G. Smith/Shutterstock; pág. 24 Library of Congress; pág. 25 (arriba) First National Productions/Getty Images; pág. 25 (abajo) Maasha/Flickr; pág. 27 (arriba) Dan McCoy/Getty Images; pág. 27 (abajo) NASA; pág. 28 (arriba) Mariusz Szachowski/Shutterstock; págs. 28–29 Nicolle Rager Fuller